1，2分でできる
シニアの手・足・指体操61

斎藤道雄 著

黎明書房

はじめに

シニアの体操は「手」と「足」と「指」をメインに

この本は,「手」と「足」と「指」をメインにした体操の本です。

どうして手と足と指なのか,その理由をご説明します。

その前に,まず自己紹介します。
ぼくの仕事は,**シニアの方々を対象にした集団運動のインストラクター**です。
おもに,特別養護老人ホーム,養護老人ホーム,デイサービス,介護施設などからご依頼をいただいています。
そこで,**自立～要介護までの方々を対象に,楽しんで体を動かしていただけるよう努めています。**

1回の参加者は,だいたい20人～30人。
時と場合によっては,50人を超えることもあります。
一人でも多くのシニアの方に,体を動かして満足していただくのがぼくの使命です。

そこで,本題。

なぜ,手と足と指なのか？

それは,**手と足と指を動かすのは,誰にでもかんたんにできる**からです。

特に,手。

たとえば,手の指をひらいて,**全部の指をできる限りいっぱいにひろげてください。**
たったこれだけでも,よい運動です。

これなら，たとえ，**要介護の方でも，かんたんにできます。**

　それだけでなく，**車いすの方や，片麻痺の方や，目が不自由な方や，耳が不自由な方にでも，誰にでもかんたんにできます。**

　これが，ぼくが手を動かす理由です。

　それだけではありません。**手を動かすのは，運動効果も抜群です。**

　脳の活性化はもちろんのこと，手先の器用さをつける，握力を維持する，手のひらを刺激する，集中力の向上などなど……。

　「手と足（と指）だけでいいんですか？」

　そう疑問に思う人もいるかもしれません。
　ぼくは，それでいいと思います。

　手と足（と指）といっても，動かし方次第で全身の運動になるからです。

　この本の中には，ぼくが**現場で実践する手と足と指の体操を厳選して紹介しました。**

　介護現場でシニアのレクや体操をするときに，それを担当する**現場スタッフの方にとって，役に立つ内容**になっています。
　もちろん，**シニアご本人にも活用していただけます。**

　手と足と指。

　この本を読んで，存分に動かしていただきましょう！

この本の特長と使い方

「手」と「足」と「指」の体操がメインです。
手と足と指を動かすことなら，誰にでもかんたんにできます。
しかも運動効果も抜群です。
手と足と指。
思う存分に動かしてください。

◆ 座ったままできます

全ての体操が，イスに腰掛けたままでできます。
だからといって，
「かんたんすぎてつまらない」
なんてことはありません。
イスに腰掛けたままできて，かつ，**誰もが満足できる体操**です。

◆ 道具はいりません

道具を準備する必要はありません。（一部を除く）
なので，いつでもどこでも，手軽にできます。
朝の体操や，活動前の準備体操はもちろん。
ちょっとしたすき間時間にも役立つ内容です。

◆ 言葉掛けを最も重視しています！

この本の中で，特にオススメなのが，「こう言ってください」です。
「こう言ってください」とは，シニアに体操の説明をするのに，スタッフの皆様に，ぜひ，**言ってほしい大事な大事な言葉**です。
さて，その言葉によって，シニアはどうなるのか？
言葉が変われば，意識が変わります。
意識が変われば，動きが変わります。
動きが変われば，効果が上がります。

◆ 楽しんでしましょう！

　もうひとつおすすめしたいのが，「こうすると楽しいです」。

　たとえ同じ体操でも，**ほんのちょっとやり方を変えるだけで，その何倍もおもしろくすることができる**のです。

　このほかにも，次のようなものがあります。

「こうすると盛り上がります」

「こうするとおもしろいです」

「こうするとウケます」

「こんなのもありです」など。

◆ 声を出しましょう

　体操をするときにオススメなのが，声を出すこと。

　声を出すと元気が出ます。

　さらに，全体の雰囲気が明るくなって，活気が出てきます。

　一部の体操には，どんなふうに声を出したらよいのか，具体的に声の出し方も書いています。

　ぜひ読んで，元気一杯に声を出してください。

　（『介護レベルのシニアでも超楽しくできる　声出し！　お祭り体操』（黎明書房）参照。）

もくじ

はじめに ―シニアの体操は「手」と「足」と「指」をメインに― 2
この本の特長と使い方 4

I　ちょこっと「手・指体操」

1　8の字　9
2　うさぎのみみ　10
3　オーバーハンドパス　11
4　キャッチボール　12
5　グー！　13
6　くすりのストレッチ　14
7　スローモーション　15
8　ダウンサイジング　16
9　チョキ！　17
10　つけ根の押し合い　18
11　つばめ返し　19
12　パー！　20
13　ハクシュ！　21
14　バランスボトル　22
15　ハンドペーパー　23
16　ピアノ　24
17　ひざたたき　25
18　トントンすりすり　26
19　ひとり指ずもう　27

20 ブラブラ〜 28
21 ボクシング 29
22 指の押し合い 30
23 指の屈伸運動 31
24 ねこの手 32
25 指回し 33
26 尺とりムシ 34
27 手のひらマッサージ 35
28 小指のカウント 36
29 親指のカウント 37
30 人差し指のカウント 38
31 二丁拳銃 39

Ⅱ　ちょこっと「足・指体操」

32 あしづかみ 40
33 あしやぶき 41
34 あし打ち 42
35 アップダウン 43
36 ウェイクアップ 44
37 スキー！ 45
38 おしくらまんじゅう 46
39 かかとトントン 47
40 かかと押し出し 48
41 キック！ 49
42 くすりウォーク 50
43 コロコロマッサージ 51

44 しこふみ 52
45 スリッパとばし 53
46 つま先立ち 54
47 つま先アップ！ 55
48 とじたりひらいたり 56
49 ドリル！ 57
50 ひざアップ！ 58
51 太ももパッティング 59
52 ひざゆすり 60
53 ふくらはぎパッティング 61
54 ワイパー 62
55 強歩！ 63
56 前に後ろに 64
57 足指こすり 65
58 足指ひらき① 66
59 足指ひらき② 67
60 大地つかみ 68
61 土踏まず押し 69

おわりに ―幸せの見つけかた― 70

Ⅰ　ちょこっと「手・指体操」

❶ 8の字

手のひらで8の字をかく体操です。

効果　手首の柔軟性維持

Let's try !

① 片手を前に出します。
② 手のひらを上にしたり，下にしたりします。
③ 横になった数字の「8」をかくようなつもりでやりましょう。
④ 手のひらをやわらか～くして動かして。
⑤ 反対の手もどうぞ！

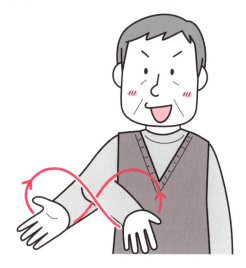

スタッフの方におすすめテク！

●こう言ってください
　スタッフは，「やわらか～く」と，いかにもやわらかそうな感じで言ってみてください。表現が変われば動きも変わります。

●こんなのもありです
　慣れてきたら両手でいっしょにするのもオッケーです。

❷ うさぎのみみ

中指と薬指を伸ばす体操です。

効果 指の器用さ維持　調整力アップ

Let's try !

① 片手を前に出します。
② 中指と薬指を伸ばして，ほかの指は軽くにぎります。（10秒間）
③ 反対の手もどうぞ！

スタッフの方におすすめテク！

●こう言ってください
　スタッフは，「ほかの指はにぎります」より「軽くにぎります」と言いますと，シニアは力加減を意識して調整します。（調整力を養います）

●こうすると楽しいです
　10カウント（10秒間），元気に声を出してかぞえると全体の雰囲気が盛り上がります。

Ⅰ　ちょこっと「手・指体操」

❸ オーバーハンドパス

バレーボールのトスのマネをする体操です。

効果　手先の器用さ維持　イメージ力アップ

Let's try !

① 足を肩幅にひらきます。
② 両手をパーにして，顔の前で構えます。
③ 指と指をいっぱいにひらきます。
④ バレーボールのトスをする感じで，両手を斜め上に押し出します。
⑤ ボールを指で弾くイメージを持ちましょう。

スタッフの方におすすめテク！

●こう言ってください

　スタッフは，「トスをする」だけでなく，「ボールを指で弾くイメージを持つ」と言いますと，より具体的でわかりやすいです。

●こうすると盛り上がります

　トスするときに，「はいっ」とか，「それっ」とか声を出してすると，全体が賑やかで明るいムードになります。

❹ キャッチボール

ボールを投げたりキャッチしたりする動きのマネをする体操です。

効果 イメージ力アップ　巧緻性維持

Let's try！ ＊実際にビーチボールを投げているように体で表現します。

① はじめに，スタッフはシニアに両手でビーチボールを下からそうっとパスします。
② シニアは，それを両手でしっかりキャッチします。
③ 次に，シニアはスタッフにビーチボールを同じように下から投げ返します。
④ スタッフは，それを両手でしっかりキャッチします。（10回）

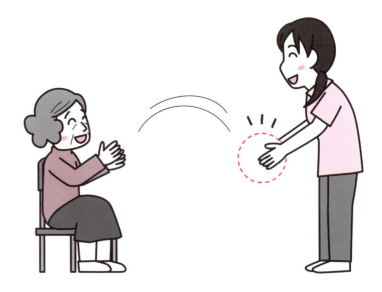

スタッフの方におすすめテク！

●**こう言ってください**
　スタッフは，「キャッチします」より「しっかりキャッチします」と言いますと，受け取る人の意識が変わります。

●**こうすると盛り上がります**
　パスをするときに，「はいっ」と声を掛けたり，「○○さん」と相手の名前を呼ぶと楽しいです。

Ⅰ　ちょこっと「手・指体操」

❺ グー！

片手を前に出して全部の指を力一杯にぎる体操です。

効果 　握力強化

Let's try !

① 　足を肩幅にひらきます。
② 　片手を前に出します。
③ 　全部の指をできる限り力一杯にぎります。（3秒間）
④ 　反対の手もどうぞ！

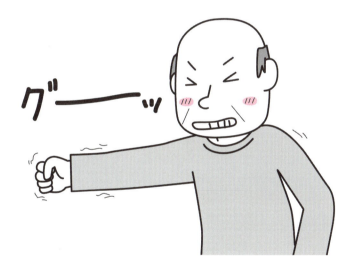

スタッフの方におすすめテク！

●こう言ってください
　スタッフは，「指をにぎります」より「全部の指をできる限り力一杯にぎります」と言いますと，指に力が入ります。

●こうすると楽しいです
　にぎるときに，元気に「グーッ！」と声を出してすると，楽しいです。

❻ くすりのストレッチ

薬指を伸ばして，ほかの指は軽くにぎる体操です。

効果 指の器用さ維持　姿勢改善

Let's try !

① 片手を前に出します。
② 薬指を伸ばして，ほかの指を軽くにぎります。（10秒間キープ）
③ 薬指の指先まで意識を集中します。
④ 反対の手も忘れずにどうぞ！

スタッフの方におすすめテク！

●**こう言ってください**
　スタッフは，「指を伸ばします」だけでなく「指先まで意識を集中」と一言付け加えると，姿勢もよくなり運動効果がアップします。

●**こうするとウケます**
　中には指が曲がって伸びない人もいます。「伸びなくても大丈夫」「小指がくっついてきてもオッケー」などと言うと，笑いが生まれて，気軽に楽しんでできるようになります。

7 スローモーション

ゆっくりと手をにぎったりひらいたりする体操です。

効果 指の器用さ維持　脳の活性化

Let's try !

① 両手を前に出します。
② はじめに，両手の指をそうっとにぎります。
③ 次に，両手の指をそうっとひらきます。（②③を4回×2セット）
④ 「空気をつかんではなす」ようなイメージを持ってしましょう。

スタッフの方におすすめテク！

●**こう言ってください**
　スタッフは，「空気をつかんではなす」と言いますと，イメージ力が働きます。

●**こうすると盛り上がります**
　手をひらくときに，「ふわ〜」と声を出します。言葉に連動して手指の動きも柔らかくなります。

❽ ダウンサイジング

指先で新聞紙をできる限り小さくする体操あそびです。

効果 指先の力強化　指の器用さ維持

Let's try！

① はじめに，新聞紙を半分に折りたたみます。
② 次に，その新聞紙を，また半分にします。
③ そして，また，半分，半分……，と繰り返していきます。
④ できる限り小さくたたんでみましょう。最後は，だいたい名刺サイズぐらいになります。

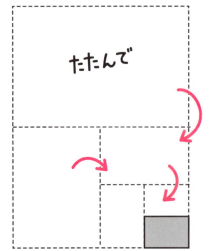

スタッフの方におすすめテク！

●こう言ってください
スタッフは，「小さくたたんで」より「できる限り小さくたたんで」と言いますと，指先に力が入ります。

●こうすると盛り上がります
スタッフは，一番小さく折りたたんでいる人の新聞紙を見本に見せると，「うわ〜」っとなって盛り上がります。

Ⅰ　ちょこっと「手・指体操」

❾ チョキ！

人差し指と中指を伸ばしてできる限りひらく体操です。

効果 指の柔軟性維持

Let's try !

① 片手を前に出します。
② 人差し指と中指を伸ばして，ほかの指は軽くにぎります。（チョキにします）
③ 指のつけ根を意識しましょう。
④ 反対の手もどうぞ！

スタッフの方におすすめテク！

●**こう言ってください**
　スタッフは，「指のつけ根を意識しましょう」と言いますと，そこ一点に意識が集中します。

●**こんなのもありです**
　反対の手をグーにして，その手を2本の指の間に入れて，指をひらくようにしてもできます。（右図）

⑩ つけ根の押し合い

両手の指を伸ばして組み合わせて互いに押す体操です。

効果 指の柔軟性維持

Let's try !

① 両手を胸の前に出します。
② 指をひらいて両手を組み合わせます。
③ 互いに指のつけ根をゆっくりと押し合います。（10秒間）
④ 組み合わせ方を変えて，もう一度どうぞ！

スタッフの方におすすめテク！

●**こう言ってください**
　スタッフは，「押し合います」より「ゆっくりと押し合います」と言いますと，動きがゆっくりとていねいになります。

●**こんなのもありです**
　そのまま両手をひっくり返して（手のひらを前に向けて），ひじを伸ばすこともできます。

⑪ つばめ返し

ひじを伸ばして手のひらを合わせてひねる体操です。

効果 手・腕の柔軟性維持

Let's try！

① 両手のひじをできる限り伸ばします。
② はじめに，手のひらを水平に合わせます。
③ 次に，手の甲が上の腕をそうっと下側にひねります。
④ 最後に，そうっと元に戻します。（③④を5回）

スタッフの方におすすめテク！

●こう言ってください
　スタッフは，「両手を伸ばします」より「両手のひじをできる限り伸ばします」と言いますと，より具体的でわかりやすいです。

●こんなのもありです
　慣れてきたら，ひねりを徐々に大きくしてもオッケーです。

⑫ パー！

全部の指をできる限りいっぱいにひらく体操です。

効果　巧緻性維持　指のストレッチ

Let's try !

① 足を肩幅にひらきます。
② 片手を前に出します。
③ 指をひらいてパーにします。
④ 全部の指をできる限りいっぱいにひらきます。（3 秒間）
⑤ 反対の手もどうぞ！

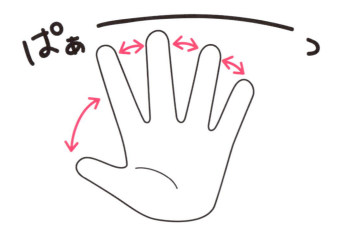

スタッフの方におすすめテク！

●こう言ってください

　スタッフは，「指をひらく」より「全部の指をできる限りいっぱいにひらく」と言いますと，シニアの意識が変わります。

●こうすると楽しいです

　指をひらくときに，元気に「ぱぁーーーっ！」と声を出してすると，楽しいです。

Ⅰ　ちょこっと「手・指体操」

⑬ ハクシュ！

両手を前に出して手を強めにたたく体操です。

効果　手・指への刺激　　手・腕の力強化

Let's try !

① 足を肩幅にひらきます。
② 両手を前に出します。
③ 手を強めにたたきます。
④ パチン！　といい音が出たら最高です。（5回）

スタッフの方におすすめテク！

●こう言ってください
　スタッフは，「パチンといい音が出たら最高です」と言いますと，シニアの意識が変わります。

●こうするとウケます
　スタッフは「私のマネをしてください」と言って，スタッフが両手を構えたままでなかなかたたかない。とか，たたくと見せかけてたたかない（フェイント）を，ときどき混ぜるとおもしろくなります。

⑭ バランスボトル

　手のひらの上にペットボトルをのせてバランスを維持する体操あそびです。

効果　巧緻性維持　集中力アップ

Let's try !

① はじめに,片手を前に出します。
② 次に,手のひらを上にします。
③ そして,その上に,空のペットボトル（500ミリリットルサイズ）をたてにして置きます。
④ うまくバランスが取れたら,ペットボトルを支えている方の手を,そうっと離します。
⑤ 倒れそうになっても,何度でもやり直してオッケーです。

スタッフの方におすすめテク！

●こう言ってください
　スタッフは,「何度でもやり直しオッケー」と言いますと,シニアは失敗を気にせず,安心してチャレンジできます。

●こんなのもありです
　片方の手でしたら,反対の手でトライするのもオッケーです。

15 ハンドペーパー

片手だけで新聞紙を丸める体操あそびです。

効果 巧緻性維持　握力強化

Let's try !

① 新聞紙を広げて，片手で新聞紙のはしを持ちます。
② その手（片手）で，新聞紙を小さく丸めていきます。
③ できる限り小さく丸めましょう。

スタッフの方におすすめテク！

●**こう言ってください**
　スタッフは，「小さく」より「できる限り小さく」と言いますと，シニアのやる気を促します。

●**こうするとかんたんです**
　むずかしいときは，はじめに新聞紙を半分の大きさにしてからはじめるとかんたんです。

16 ピアノ

ピアノを弾いているマネをする体操です。

効果 指先の器用さ維持　イメージ力アップ

Let's try !

① 両手を前に出して，手のひらを下にします。
② 指を軽く曲げて，ピアノの鍵盤に指を置くイメージを持ちましょう。
③ はじめに，（両手の）親指を下に押して戻します。
④ 次に，人差し指，中指，薬指，小指の順にします。
⑤ いかにも実際にピアノを弾くつもりでできれば最高です。

スタッフの方におすすめテク！

●こう言ってください

スタッフは，「実際にピアノを弾くつもりで」と言いますと，シニアの表現力が働きます。

●こうするとおもしろいです

「ド」と言ったら親指を動かす。「レ」は人差し指。「ミ」は中指。「ファ」は薬指。「ソ」は小指。として，スタッフが，次々に指示を出してもオッケーです。

Ⅰ ちょこっと「手・指体操」

⑰ ひざたたき

力加減を意識してひざをそうっとたたく体操です。

効果 手先の器用さ維持　マッサージ効果

Let's try !

① 足を腰幅にひらきます。
② 両手をひざに置きます。
③ 手を軽くにぎって，ひざをまんべんなく，そうっとたたきましょう。

スタッフの方におすすめテク！

●こう言ってください
　スタッフは，「手をにぎって」より「手をかる〜くにぎって」と言いますと，シニアは力加減を意識します。

●こんなのもありです
　軽くにぎった手のほかに，手のひらでたたいてもオッケーです。

⑱ トントンすりすり

グーでひざをたたきながらパーでひざをこする体操です。

効果 　脳の活性化

Let's try !

① 片手をグーに,反対の手をパーにします。
② はじめに,グーでひざをトントンたたきます。
③ 次に,パーでひざをすりすりこすります。
④ 片方ずつできたら,両手いっしょにやってみましょう!

スタッフの方におすすめテク!

●こう言ってください
いきなり両手でするよりも,片方ずつ練習したあとで,「両手いっしょに」と言うほうが,スムーズに進行できます。

●こうすると楽しいです
上手下手に関係なく,楽しさを優先したほうが,安心して気軽に楽しんでできます。

⑲ ひとり指ずもう

親指を自由に動かす体操です。

効果 親指の動きの活性化

Let's try !

① 片手を前に出します。
② 親指を立てて，ほかの指は軽くにぎります。
③ 指ずもうをイメージして，親指を自由に動かします。（曲げたり伸ばしたり横にしたり）
④ 反対の手も忘れずにどうぞ！

スタッフの方におすすめテク！

●**こう言ってください**
　スタッフは，「指ずもうをイメージして」と言いますと，想像力が働きます。

●**こうすると楽しいです**
　スタッフが，「曲げて」「伸ばして」「右に」「左に」「素早く曲げて伸ばして」と言って，次々に動きの指示を出すのも楽しいです。

⑳ ブラブラ～

手首を上下に動かして手をブラブラする体操です。

効果 手首の柔軟性維持

Let's try !

① 足を肩幅にひらきます。
② 両手を前に出して，手のひらを下にします。
③ 手，指の力を抜いて，手をだら～んとします。
④ 手首を上下に動かして手をブラブラしましょう。（3秒間×3セット）

スタッフの方におすすめテク！

●こう言ってください
スタッフは，「力を抜いて」に加えて，「手をだら～んとします」と言いますと，手の力が抜けます。

●こんなのもありです
手首を左右に動かしてブラブラすることもできます。

㉑ ボクシング

片手をにぎり体の前に突き出す体操です。

効果 手・腕の力強化

Let's try !

① 両手を前に出してにぎります。
② ひじを曲げて，両手を顔の前で構えます。
③ 片手を強くにぎりながら拳を前に突き出しましょう。
④ 反対の手もどうぞ！（左右5回ずつ）

スタッフの方におすすめテク！

●こう言ってください
　スタッフは，「拳を前に出しましょう」より「強くにぎりながら拳を前に突き出しましょう」と言いますと，より具体的でわかりやすいです。

●こうすると盛り上がります
　拳を突き出すときに，「えいっ！」と声を掛けながらすると，手にも力が入ります。

22 指の押し合い

両手の指を合わせて押し合う体操です。

効果 手・指の力強化

Let's try !

① 両手を前に出します。
② 両手の指をひらいて伸ばします。
③ 全部の指先を合わせます。（手のひらは空間をつくります）
④ 指先どうしをゆっくり静かに押し合います。（5秒間×2セット）

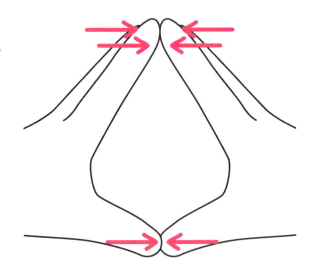

スタッフの方におすすめテク！

●**こう言ってください**
　スタッフは，「押し合います」より「ゆっくり静かに押し合います」と言いますと，徐々に力を入れるよう意識します。けがの予防になります。

●**こうすると楽しいです**
　5カウント（5秒間），元気に声を出してかぞえると，雰囲気が明るく楽しくなります。指に力も入ります。

Ⅰ　ちょこっと「手・指体操」

㉓ 指の屈伸運動

指を曲げたり伸ばしたりする体操です。

効果　指の器用さ維持

Let's try !

① 片手を前に出します。
② はじめに，人差し指を伸ばしてほかの指は軽くにぎります。
③ 次に，人差し指をできる限り小さくなるように曲げます。
④ 人差し指の曲げ伸ばしを繰り返しましょう。（4回×3セット）

スタッフの方におすすめテク！

●こう言ってください
　スタッフは，「人差し指を曲げます」より「人差し指をできる限り小さくなるように曲げます」と言いますと，説明が具体的で，よりわかりやすいです。

●こうすると楽しいです
　たとえば，「いち，にい」で伸ばして，「さん，しい」で曲げます。元気に声を出してかぞえると楽しいです。

24 ねこの手

手をパーにして指だけをできる限り曲げる体操です。

効果 指の力強化　集中力アップ

Let's try!

① 片手を前に出してパーにします。
② 手はひろげたままで，指だけをできる限り曲げます。
③ 指の全ての関節を曲げる意識を持ちましょう。（①②を4回）
④ 反対の手もどうぞ！

スタッフの方におすすめテク！

●**こう言ってください**
　スタッフは，「全ての関節を曲げる」と言いますと，シニアの意識がそこに集中します。

●**こうすると楽しいです**
　明るく元気に「ニャーーー！」と言って，両手を前に出してねこのポーズをすると，おもしろいです。

㉕ 指回し

両手の指を合わせて指をぐるぐると回す体操です。

効果 指の器用さ維持

Let's try !

① 両手の指をひらいて伸ばします。
② 全部の指先を合わせます。（手のひらは空間をつくります）
③ ほかの指はつけたまま，両手の親指をぐるぐると回します。
④ 同じようにして，人差し指，中指，小指，薬指の順にやりましょう。

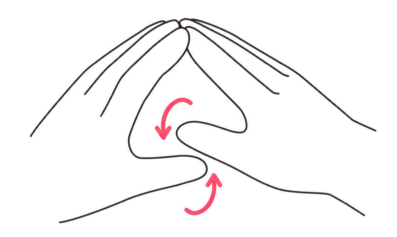

スタッフの方におすすめテク！

●こう言ってください
スタッフは，「回します」より「ぐるぐる回します」と言いますと，指の動きもスムーズになります。

●こうするとかんたんです
親指が一番かんたんです。人差し指，中指，小指，薬指の順にむずかしくなります。なので，できる指だけでもオッケーです。

26 尺とりムシ

尺とりムシのように指を動かす体操です。

効果 指の柔軟性維持

Let's try !

① 両手の親指と親指，人差し指と人差し指をひろげてつけます。
② 人差し指をつけたまま，片方の親指を人差し指にくっつけます。
③ 親指を反対の人差し指につけたまま，人差し指をできる限りひろげます。
④ 次に，反対の手の親指を人差し指にくっつけます。
⑤ 親指どうしをつけたまま，人差し指をひろげて，①の状態にします。
　（②～⑤を5回）

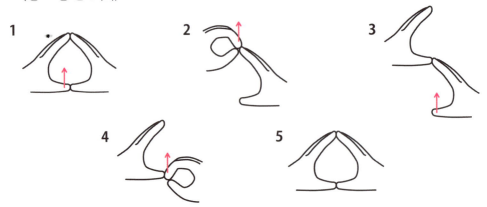

スタッフの方におすすめテク！

●こう言ってください
　スタッフは，「ひろげます」より「できる限りひろげます」と言いますと，シニアは指の動きを意識します。

●こうすると盛り上がります
　「いち・にい，いち・にい」と元気に声を出してすると賑やかになって，全体の雰囲気が明るくなります。

Ⅰ　ちょこっと「手・指体操」

27 手のひらマッサージ

親指で手のひらをまんべんなく指圧する体操です。

効果　柔軟性維持向上

Let's try !

① 片手を前に出して手のひらを上にします。
② 反対の手（の親指）で手のひらをまんべんなく指圧します。
③ 指のつけ根，手のひらの真ん中を中心に。
④ 反対の手もどうぞ！

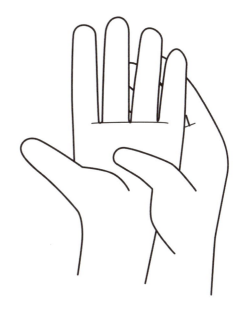

スタッフの方におすすめテク！

●こう言ってください
　スタッフは「まんべんなく」に加えて，「指のつけ根」「手のひらの真ん中」と言うと，より具体的でわかりやすいです。

●こうすると楽しいです
　一人でするのもよいですが，二人一組になって，お互いに相手の手をマッサージすると，交流が生まれます。さらに自然に会話も弾みます。

28 小指のカウント

手をにぎって小指から順に伸ばしていく体操です。

効果 指の器用さ維持　集中力アップ

Let's try !

① 両手を胸の前に出して手を軽くにぎります。
② 小指から順に，薬指，中指，人差し指，親指の順に指をひらいていきます。
③ 元気に声を出して，5つかぞえながらやりましょう。（3回）
④ 一本ずつ，ゆっくり，ていねいに。

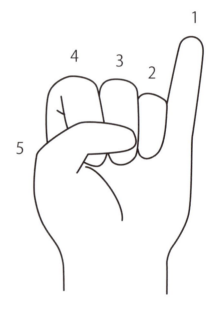

スタッフの方におすすめテク！

●**こう言ってください**

スタッフは，「一本ずつ，ゆっくり，ていねいに」と言いますと，指に意識が集中します。

●**こうすると集中します**

見本を見せるときに，「見本と同じようにマネできたら最高です」と言って，そのあとに見本を見せると，それを見るのに超集中します。

Ⅰ　ちょこっと「手・指体操」

㉙ 親指のカウント

手をにぎって親指から順に伸ばしていく体操です。

効果　指の器用さ維持　集中力アップ

Let's try !

① 両手を胸の前に出して手を軽くにぎります。
② 親指から順に，人差し指，中指，薬指，小指の順に指をひらいていきます。
③ 元気に声を出して，5つかぞえながらやりましょう。(3回)
④ 一本ずつ，ゆっくり，ていねいに。

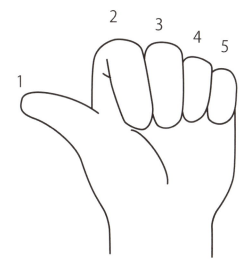

スタッフの方におすすめテク！

●**こう言ってください**
　スタッフは，「一本ずつ，ゆっくり，ていねいに」と言いますと，指に意識が集中します。

●**こうすると集中します**
　見本を見せるときに，「見本と同じようにマネできたら最高です」と言って，そのあとに見本を見せると，それを見るのに超集中します。

㉚ 人差し指のカウント

手をにぎって人差し指から順に伸ばしていく体操です。

効果 指の器用さ維持　集中力アップ

Let's try !

① 両手を胸の前に出して手を軽くにぎります。
② 人差し指から順に，中指，薬指，小指，最後に親指の順に指をひらいていきます。
③ 元気に声を出して，5つかぞえながらやりましょう。（3回）
④ 一本ずつ，ゆっくり，ていねいに。

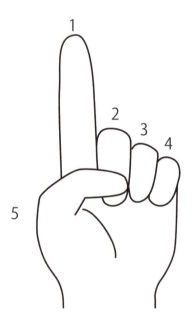

スタッフの方におすすめテク！

●こう言ってください

スタッフは，「一本ずつ，ゆっくり，ていねいに」と言いますと，指に意識が集中します。

●こうすると集中します

見本を見せるときに，「見本と同じようにマネできたら最高です」と言って，そのあとに見本を見せると，それを見るのに超集中します。

Ⅰ　ちょこっと「手・指体操」

㉛ 二丁拳銃

親指と人差し指を伸ばす体操です。

効果　指の器用さ維持

Let's try !

① 足を肩幅にひらきます。
② 両手を前に出します。
③ 親指と人差し指をできる限り伸ばします。
④ ほかの指は軽くにぎりましょう。（10秒間）

スタッフの方におすすめテク！

●**こう言ってください**
　スタッフは，「伸ばします」より「できる限り伸ばします」と言いますと，シニアは力加減を意識して調整します。

●**こんなのもありです**
　「親指と中指を伸ばす」「親指と人差し指と中指を伸ばす」と，指の組み合わせを変えても楽しいです。

32 あしづかみ

足の指をつかって新聞紙をつかむ体操あそびです。

効果 巧緻性維持

Let's try!

① 裸足でします。
② 片足を新聞紙の上にのせます。
③ 足の指をつかって新聞紙をつかんでみましょう。
④ うまくできれば最高です。
⑤ 反対の足もどうぞ！

スタッフの方におすすめテク！

●**こう言ってください**
　スタッフは,「うまくできれば最高です」と言って,上手下手に関係なく楽しめる雰囲気づくりを心掛けましょう。

●**こんなのもありです**
　慣れてきたら,つかんだ新聞紙を（足を）上に持ち上げてもオッケーです。

Ⅱ　ちょこっと「足・指体操」

33 あしやぶき

足だけを使って新聞紙を破く体操あそびです。

効果　巧緻性維持　足腰強化

Let's try！

① うわばき，または，裸足でします。（スリッパはＮＧです）
② 両足の下に新聞紙を置きます。
③ 足だけを使って新聞紙を破いてみましょう。
④ うまくできれば最高です。

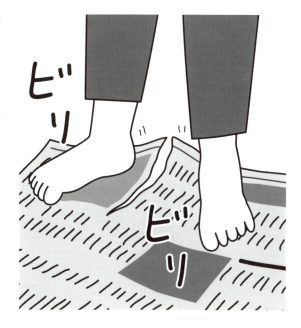

スタッフの方におすすめテク！

●こう言ってください
　スタッフが，「うまくできれば最高です」と言いますと，上手下手に関係なく誰もが楽しめる雰囲気づくりができます。

●こんなのもありです
　どれくらい細かく破けるかチャレンジしてもオッケーです。

34 あし打ち

両足を持ち上げて軽く打ち合う体操です。

効果 腹筋強化

Let's try !

① 足を腰幅にひらきます。
② 両足を持ち上げます。
③ 左右の足を軽く打ち合います。
④ 足をおろします。

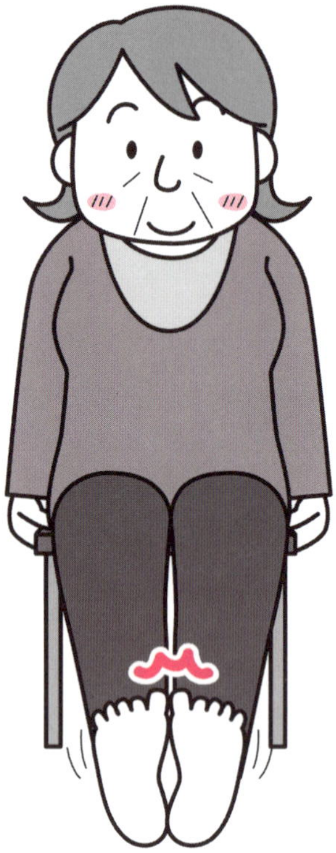

スタッフの方におすすめテク！

●こう言ってください

スタッフは，「左右の足を打ち合います」より「軽く打ち合います」と言いますと，シニアは力加減を意識します。

●こうすると安全です

椅子に深く腰掛けて，両手で椅子を押さえながらすると安全にできます。

Ⅱ ちょこっと「足・指体操」

㉟ アップダウン

両足でペットボトルをはさんで上げおろしする体操です。

効果 器用さ維持　腹筋強化

Let's try !

① うわばき，または，裸足でします。（スリッパはＮＧです）
② 空のペットボトル（500ミリリットルサイズ）をたてにして置きます。
③ ペットボトルを，両足ではさんでそうっと上に持ち上げます。
④ ペットボトルが倒れないように下におろしてみましょう。

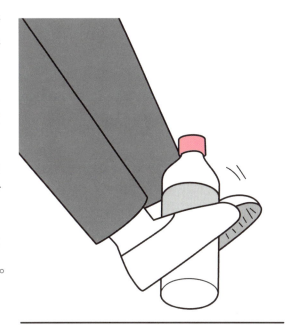

スタッフの方におすすめテク！

●こう言ってください
　スタッフは，「上に持ち上げます」より「そうっと上に持ち上げます」と言いますと，動きがゆっくりていねいになります。（けがの予防になります）

●こうするともっとかんたんです
　ペットボトルのサイズを大きくすると（2リットルサイズ），もっとかんたんにできます。

36 ウェイクアップ

足だけをつかって倒れたペットボトルを起こす体操あそびです。

効果 巧緻性維持　腹筋強化

Let's try!

① うわばき，または，裸足でします。（スリッパはNGです）
② 空のペットボトル（500ミリリットルサイズ）を倒して足元に置きます。
③ 手はつかわずに，足だけをつかってペットボトルを起こしてみましょう。
④ うまくできれば最高です。

スタッフの方におすすめテク！

●**こう言ってください**
　スタッフは，「うまくできれば最高です」と言って，上手下手に関係なく，誰もが楽しめる雰囲気づくりを促します。

●**こうするともっとかんたんです**
　ペットボトルのサイズを大きくすると（2リットルサイズ），より扱いやすくかんたんにできます。（小さいサイズの方がむずかしいです）

37 スキー！

足をとじたままでつま先を左右に動かす体操です。

効果 足首の柔軟性維持

Let's try !

① 足とひざをとじます。
② 足をとじたままで，つま先を左（斜め前）方向に向けます。
③ 足を元に戻します。
④ 今度は，つま先を右（斜め前）方向に向けます。
⑤ ①〜④を繰り返してやりましょう。（2往復×3セット）

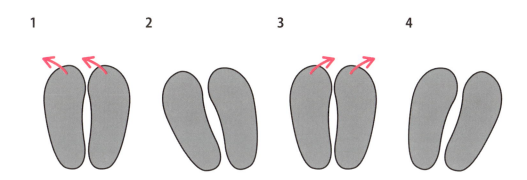

スタッフの方におすすめテク！

●こう言ってください
　スタッフは，「足をとじます」や「ひざをとじます」より「足とひざをとじます」と言いますと，より具体的でわかりやすいです。

●こうすると楽しいです
両手を前に出して軽く握って，スキーをしている気分ですると楽しいです。

38 おしくらまんじゅう

ひざをとじて押し合う体操です。

効果 足腰強化

Let's try!

① ひざ（と足）をとじます。
② 両手をひざの上に置きます。
③ ひざとひざを押し合います。
④ 徐々に力を入れていきます。
（5秒間）
⑤ そうっと力を抜きます。（③④⑤を4回）

スタッフの方におすすめテク！

●こう言ってください
　スタッフは,「力を入れます」より,「徐々に力を入れます」と言いますと,やさしくていねいな動きになります。けがの予防になります。

●こうすると楽しいです
　ひざを押し合うときに,元気に声を出してかぞえると楽しいです。

Ⅱ　ちょこっと「足・指体操」

㊴ かかとトントン

かかとを床に軽く打つ体操です。

効果　リラックス　足裏刺激

Let's try!

① 足を腰幅にひらきます。
② 歩くように片足を上げます。
③ かかとを床に軽く打ちつけます。
④ 反対の足も忘れずにどうぞ！（左右交互に8回ずつ）

スタッフの方におすすめテク！

●**こう言ってください**
　スタッフは，「打ちつけます」より「軽く打ちつけます」と言いますと，シニアは力加減を意識します。

●**こうすると楽しいです**
　「トン，トン……」と明るく元気に声を出してすると楽しいです。

㊵ かかと押し出し

片足を前に出してかかとを前に押し出す体操です。

効果 ふくらはぎのストレッチ

Let's try!

① 足を腰幅にひらきます。
② 片足を前に出します。
③ このときに，かかとを前に押し出します。
④ そこからさらに，（かかとを）あともうひと押しします。（5秒間）
⑤ 反対も忘れずにどうぞ！（左右交互に2回ずつ）

スタッフの方におすすめテク！

●こう言ってください
スタッフは，「押し出します」と言った後に，「あともうひと押し」と言いますと，より運動効果が高まります。

●こうすると楽しいです
元気に声を出してかぞえると，全体の雰囲気が明るくなります。

Ⅱ　ちょこっと「足・指体操」

㊹ キック！

キックするように片足を前に伸ばす体操です。

効果　足腰強化

Let's try !

① 足を腰幅にひらきます。
② 足でキックするように片足を前に伸ばします。
③ ひざが伸びるようにします。
④ 反対の足もどうぞ！（左右4回ずつ）

スタッフの方におすすめテク！

●**こう言ってください**
　スタッフは，「ひざが伸びるように」と言いますと，キックの意識が変わります。

●**こんなのもありです**
　「ひざが伸びるように」のほかに，「つま先が伸びるように」としてもオッケーです。

㊷ くすりウォーク

薬指を意識して下に押しつけながら足ぶみする体操です。

効果 転倒予防 足裏刺激

Let's try!

① 足を腰幅にひらきます。
② 胸をはります。
③ 腕を前後に振りながら足ぶみします。
④ 薬指を下に押しつけながら歩くようにしましょう。
⑤ 足裏の様子を感じながらやりましょう。

スタッフの方におすすめテク！

●こう言ってください
スタッフは，「薬指を下に押しつけながら歩く」と言いますと，足裏感覚に集中します。

●こんなのもありです
薬指のほか，中指で同じようにしてもオッケーです。

Ⅱ　ちょこっと「足・指体操」

㊸ コロコロマッサージ

足の裏をつかってボールを転がす体操です。

効果　血行促進　足裏刺激

Let's try!

① 靴を脱いでします。
② テニスボールを足裏で床に押しつけながらコロコロと転がします。
③ 指のつけ根，土踏まず，かかとを中心にやりましょう。
④ 反対の足もどうぞ！

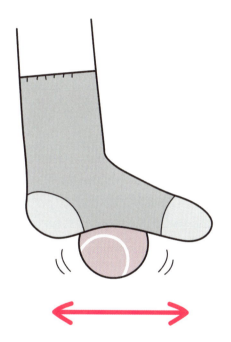

スタッフの方におすすめテク！

●**こう言ってください**

スタッフは，「足裏」よりも，「指のつけ根」「土踏まず」「かかと」と言いますと，より具体的でわかりやすいです。

●**こうすると気持ちいいです**

スタッフが「○○が気持ちいい」など，気持ちよさそうに感想を言うと（心地よさを言葉にして口に出すと），気持ちよさが伝わります。

㊹ しこふみ

四股（しこ）をふむように足を上げておろす体操です。

効果 足腰強化 足裏刺激

Let's try !

① 足を肩幅より広くひらきます。
② 両手をひざに置きます。
③ 片足を上に持ち上げます。
④ その足を力強くおろします。
⑤ 反対の足もどうぞ！（左右交互に4回ずつ）

スタッフの方におすすめテク！

●こう言ってください
スタッフは，「おろします」よりも「力強くおろします」と言うと，足腰に力が入ります。

●こうすると安全です
片足を上げるので，バランスを崩さないように注意します。足を上げるときに，「（見本を見せて）これくらい」とか，「5センチ」とか具体的に言うと，わかりやすいです。

㊺ スリッパとばし

足でスリッパをとばす体操あそびです。

効果 足腰強化 集中力アップ

Let's try !

① スリッパを履いてします。
② 足でスリッパを飛ばします。
③ スリッパが落ちたときに、スリッパの底が下になれば大成功です。
④ 5回トライしましょう。

スタッフの方におすすめテク！

●**こう言ってください**
　スタッフは、「底が下になれば大成功です」と言いますと、シニアのやる気を促します。

●**こんなのもありです**
　反対に、スリッパが逆さになれば大成功としてもできます。

46 つま先立ち

かかとを上に持ち上げてつま先で立つ体操です。

効果 ふくらはぎの強化

Let's try !

① 足を肩幅にひらきます。
② ひざの下にかかとがくるようにします。
③ かかとを持ち上げてつま先で立ちます。
④ かかとをそうっとおろします。（3回）

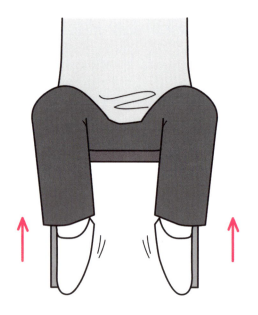

スタッフの方におすすめテク！

●**こう言ってください**

スタッフは，「かかとをおろす」より「かかとをそうっとおろす」と言いますと，動作がゆっくりとていねいになります。けがの予防にもなります。

●**こうすると楽しいです**

声を出してすると楽しいです。「いちにい」でかかとを上げて，「さんしい」でかかとをそうっとおろして，「ごおろく」で上げて，「しちはち」でおろします。

Ⅱ　ちょこっと「足・指体操」

㊼ つま先アップ！

かかとをつけたままでつま先を上に持ち上げる体操です。

効果　足腰強化　転倒予防

Let's try !

① ひざを腰幅にひらきます。
② ひざの真下にかかとがくるようにします。
③ かかとをつけたままでつま先をできる限り上に持ち上げます。
④ つま先をそうっとおろします。（4回×3セット）

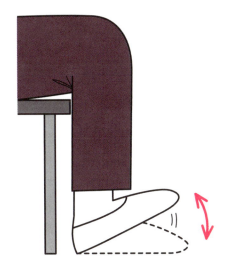

スタッフの方におすすめテク！

●**こう言ってください**

　スタッフは，「つま先を持ち上げます」より「できる限り上に持ち上げます」と言いますと，シニアの意識が変わります。

●**こうすると楽しいです**

　声を出してすると楽しいです。たとえば，「いちにい」でつま先を上げて，「さんしい」でそうっとおろして，「ごおろく」で上げて，「しちはち」でおろします。

㊽ とじたりひらいたり

足とひざをいっしょにとじたりひらいたりする体操です。

効果 〔足腰強化〕

Let's try!

① 胸を張ります。
② 両手をひざにおきます。
③ はじめに，足とひざをいっしょにとじます。
④ 次に，足とひざをいっしょにひらきます。
⑤ とじたりひらいたりを4回繰り返しましょう。

スタッフの方におすすめテク！

● **こう言ってください**

スタッフは，「足をとじます」より「ひざと足をいっしょにとじます」と言いますと，より具体的でわかりやすいです。

● **こうするとウケます**

スタッフは，「ひらいて，とじない」とか「とじて，ひらかない」とか，ときどきフェイントを入れると，おもしろいです。

Ⅱ ちょこっと「足・指体操」

㊾ ドリル！

つま先を床につけて足首を動かす体操です。

効果 足首の柔軟性維持

Let's try !

① ひざの真下にかかとがくるようにします。
② つま先を床につけたまま，片足のかかとを持ち上げます。
③ 足首を自由（上下左右）にできる限り動かします。（10秒間）
④ 反対の足もどうぞ！

スタッフの方におすすめテク！

●**こう言ってください**
　スタッフは，「動かします」より「できる限り動かします」と言いますと，シニアの意識が変わります。

●**こんなのもありです**
　片足をひざの上にもっていき，手で足をつかんで，足首をまわしてもオッケーです。

㊿ ひざアップ！

胸を張ってひざを上に持ち上げる体操です。

効果 転倒予防 股関節の可動域向上

Let's try !

① 足を腰幅にひらきます。
② 胸を張って，片足を上に持ち上げます。
③ ひざを上げる意識を持ちましょう。
④ 足を元に戻します。
⑤ 反対の足もどうぞ！（左右2回×3セット）

スタッフの方におすすめテク！

●**こう言ってください**
　スタッフは,「片足を上に持ち上げて」より「胸を張って，片足を上に持ち上げて」と言いますと，運動効果が高まります。

●**こうすると安全です**
　片足の状態になるので,「バランスを崩さないように」「無理をしないように」はじめに言葉をかけておくと，けがの予防になります。

51 太ももパッティング

太ももを手で軽くたたく体操です。

効果 足の疲労回復　リラックス

Let's try!

① 足を腰幅にひらきます。
② 両手を太ももの上に置きます。
③ 手のひらで，太ももの上，外側，内側を軽くたたきましょう。

太ももの上　　　太ももの外側　　　太ももの内側

スタッフの方におすすめテク！

● **こう言ってください**
　スタッフは，「たたきます」より「軽くたたきます」と言いますと，シニアは力加減を意識します。

● **こんなのもありです。**
　脚（太もも）だけでなく，腕（肩からひじ，ひじから手首）もできます。

52 ひざゆすり

ひざを左右にゆすって動かす体操です。

効果 リラックス 血行促進

Let's try !

① 足を腰幅にひらきます。
② ひざの真下にかかとがくるようにします。
③ ふくらはぎをゆするように，両方のひざを同時に動かします。
④ 素早く小刻みに動かしましょう。

スタッフの方におすすめテク！

●**こう言ってください**
　スタッフは，「素早く小刻みに」と言いますと，より具体的でわかりやすいです。

●**こんなのもありです**
　手をひざの上に置いて，手をつかってひざをゆすってもオッケーです。

Ⅱ ちょこっと「足・指体操」

53 ふくらはぎパッティング

ふくらはぎをこぶしで軽くたたく体操です。

効果 足の疲労回復

Let's try!

① 足を肩幅にひらきます。
② 片足のふくらはぎをこぶしで軽くたたきます。
③ 1ヵ所だけでなく，ふくらはぎ全体をまんべんなくたたきましょう。
④ 反対も忘れずにどうぞ！

スタッフの方におすすめテク！

●こう言ってください
　スタッフは,「たたきます」より「軽くたたきます」と言いますと，シニアは力加減を意識します。

●こうするといいです
　片手でたたいてもオッケーですが，反対の手もつかうと，手の届く範囲がより広がります。

54 ワイパー

片足を前に出してかかとをつけたまま，つま先を上下左右に動かす体操です。

効果 足首の柔軟性維持

Let's try !

① 片足を前に出します。
② かかとをつけたまま，つま先をできる限り上下に動かします。（4回×3セット）
③ つま先をできる限り左右に動かします。（4回×3セット）
④ 反対の足も忘れずにどうぞ！

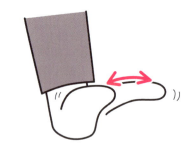

スタッフの方におすすめテク！

●こう言ってください

スタッフは，「上下（左右）に動かします」より「できる限り上下（左右）に動かします」と言いますと，シニアの意識が変わります。

●こうすると楽しいです

声を出してかぞえながらすると，リズム感がよくなります。
たとえば，上下に動かすときは，
「いちにい（上）さんしい（下）ごおろく（上）しちはち（下）」。
左右に動かすときは，
「いちにい（左）さんしい（戻す）ごおろく（右）しちはち（戻す）」。

Ⅱ ちょこっと「足・指体操」

55 強歩！

腕を前後に振って力強く足ぶみをする体操です。

効果 足腰強化 足裏刺激

Let's try !

① 胸を張ります。
② 背筋をピンと伸ばします。
③ 腕を前後に振りながら足ぶみをします。
④ 床をふみつけるように力強く足ぶみしましょう。

スタッフの方におすすめテク！

●**こう言ってください**
　スタッフは、「足ぶみしましょう」だけでなく、「ふみつけるように力強く」と言いますと、足腰に力が入ります。

●**こうすると楽しいです**
　「ドンドン，ドンドン……」と，元気に声を出すと，雰囲気が盛り上がって明るくなります。

56 前に後ろに

足を前に出したり，後ろにしたりする体操です。

効果 転倒予防

Let's try!

① 片足を一歩前に出します。
② 反対の足も一歩前に出します。
③ 片足（はじめの足）を戻します。
④ 反対の足も戻します。
⑤ ①②③④の順で，繰り返しましょう。（4回×3セット）

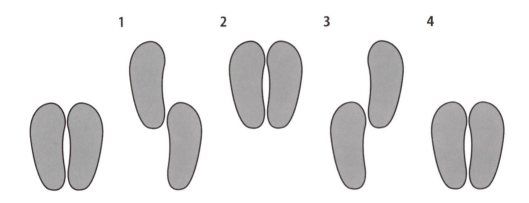

スタッフの方におすすめテク！

●こう言ってください

スタッフは，「片足を前に出して，反対の足を前に出します」より，「片足を出します」と言った後に，「反対の足も出します」と，「一度に，ひとつ」だけの方が，わかりやすいです。

●こうするとおもしろいです

声を出してすると楽しいです。「いち」で片足前，「にい」で反対前，「さん」で片足戻す，「しい」で反対戻す……。

Ⅱ ちょこっと「足・指体操」

57 足指こすり

足の親指と人差し指をこすり合うように動かす体操です。

効果 血行促進 足指の強化

Let's try !

① 裸足でします。
② 片足を前に出します。
③ 親指と人差し指をこすりつよけるように上下に動かします。
④ ゴシゴシと強めにこすり合わせましょう。（30秒間）
⑤ 反対の足もどうぞ！

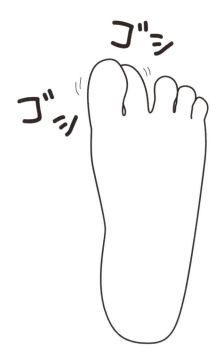

スタッフの方におすすめテク！

●こう言ってください
　スタッフは,「こすってみましょう」だけでなく,「ゴシゴシと強めに」と言いますと, シニアの意識が変わります。

●こんなのもありです
　両足いっしょにやってもオッケーです。

58 足指ひらき①

足指全体をひらく体操です。

効果 足指の可動域向上

Let's try !

① 裸足でします。
② 片足の足指をゆっくりとひらきます。
③ 全部の指をできる限り広くします。（10秒間）
④ 反対の足も忘れずにどうぞ！

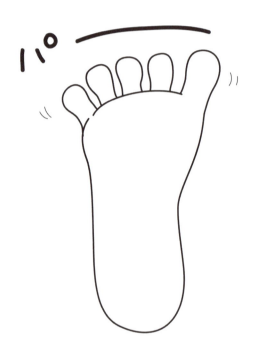

スタッフの方におすすめテク！

●こう言ってください
　スタッフは、「指を広く」より「全部の指をできる限り広く」と言いますと、より指がひらくようになります。

●こうすると楽しいです
　元気に声を出して、かぞえながらすると楽しいです。

59 足指ひらき②

足の指の間に手の指を入れてひらく体操です。

効果 柔軟性維持 足指の血行促進

Let's try!

① 裸足でします。
② 片足を曲げて反対のひざの上にもってきます。
③ 手の人差し指を足の指の間に入れます。
④ 人差し指で足の指と指の間をやさしくひらきます。（親指の方から順に小指まで）
⑤ 反対の足も忘れずにどうぞ！

スタッフの方におすすめテク！

● **こう言ってください**
スタッフは，「ひらきます」より「やさしくひらきます」と言いますと，シニアは力加減を意識します。

● **こんなのもありです**
足指のつけ根を押しながら徐々に間に入れることもできます。

㊿ 大地つかみ

足の指に力を入れる体操です。

効果 足指の力維持 転倒予防 集中力アップ

Let's try！

① 裸足でします。
② 足の裏全体を床につけます。
③ 足の指に気持ちを集中します。
④ （足裏をつけたままで）指先を強く床に押しつけます。（5秒間×3セット）
⑤ 反対も忘れずにどうぞ！

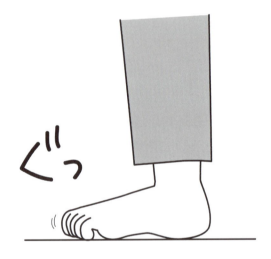

スタッフの方におすすめテク！

● **こう言ってください**
　スタッフは，「足の指に気持ちを集中します」と言いますと，集中力が高まります。

● **こうすると楽しいです**
　元気に声を出して，かぞえながらすると楽しいです。

㊽ 土踏まず押し

土踏まずを指圧する体操です。

効果 足裏刺激　胃腸の働きをよくする

Let's try!

① 片足を曲げて反対のひざの上にもってきます。
② 手の親指で土踏まずを指圧します。
③ 痛みを感じるところは特に念入りに。
④ 反対の足も忘れずにどうぞ！

スタッフの方におすすめテク！

●こう言ってください
　スタッフは，「痛みを感じるところを特に念入りに」と言いますと，一点に意識を集中します。

●こんなのも気持ちいいです
　土踏まずのほかにも，アキレス腱（かかとの上）を指で軽くつまむのもオッケーです。

おわりに

幸せの見つけかた

「介護の現場で働いていて，一番うれしいのはどんなときですか？」

この質問を現場スタッフの方々にすると，圧倒的に多いのは，これです。

「（シニアの方から）感謝されたとき」

でも，ぼくが，一番印象に残っているこたえは，これです。

「ごはんをモリモリ食べているのを見ているとき」

正直，最初にそのこたえを聞いたときは，ちょっと笑ってしまいました。

でも，これ，よく考えてみたら，スゴイことなのです。

なぜか。

それは，この方が，**とても小さなことに感動できる**人だからです。
だって，他人が食事しているのを見て，うれしいと思うのですから。

この方のスゴイのは，**自らがよろこびを見つけている**ところです。

感謝されてうれしいのと，明確に違うのはココなのです。

ほかにも，こんなこたえがありました。

「よく眠っているのを見るとうれしい」

「笑ってるのを見るとうれしい」

この方々も，**自らよろこびを見つけています。**

　こんなふうに，「**小さなことに感動できたら幸せ**」だと思います。

　きっと，ご本人も，介護現場で働くことに，幸せを感じているはずです。

　そして，**そんな現場スタッフの方と，いっしょに時間を過ごすシニアの方も，きっと幸せ**です。

　そう考えてみると，**幸せって，とっても身近にある**気がします。

　最後に，この本を手にとってくださったみなさまに深く御礼を申し上げます。

　どうもありがとうございました！

　そして，みなさまと，みなさまのまわりにいる方々の幸せをお祈りいたします！

　　　2019年1月

　　　　　　　　　　　　　　　　　　ムーヴメントクリエイター　斎藤道雄

著者紹介
●斎藤道雄

体操講師,ムーヴメントクリエイター。
クオリティ・オブ・ライフ・ラボラトリー主宰。
自立から要介護シニアまでを対象とした体操支援のプロ・インストラクター。
体力,気力が低下しがちな要介護シニアにこそ,集団運動のプロ・インストラクターが必要と考え,運動の専門家を数多くの施設へ派遣。
「お年寄りのふだん見られない笑顔が見られて感動した」など,シニアご本人だけでなく,現場スタッフからも高い評価を得ている。

[お請けしている仕事]
○体操教師派遣(介護施設,幼稚園ほか)　　○講演
○研修会　　　　　　　○人材育成　　　　　○執筆

[体操支援・おもな依頼先]
○養護老人ホーム長安寮
○有料老人ホーム敬老園(八千代台,東船橋,浜野)
○淑徳共生苑(特別養護老人ホーム,デイサービス)ほか

[講演・人材育成・おもな依頼先]
○世田谷区社会福祉事業団
○セントケア・ホールディングス(株)
○(株)オンアンドオン(リハビリ・デイたんぽぽ)ほか

[おもな著書]
○『車椅子の人も片麻痺の人もいっしょにできる新しいレクリエーション』
○『椅子に腰掛けたままでできるシニアのための脳トレ体操&ストレッチ体操』
○『超シンプルライフで健康生活』
○『目の不自由な人も耳の不自由な人もいっしょに楽しめるかんたん体操25』
○『要介護シニアにも超かんたん！ものまねエア体操で健康づくり』
○『認知症の人も一緒に楽しめる！リズム遊び・超かんたん体操・脳トレ遊び』
○『介護レベルのシニアでも超楽しくできる　声出し！　お祭り体操』
○『介護スタッフのためのシニアの心と体によい言葉がけ5つの鉄則』
○『要介護シニアも大満足！　3分間ちょこっとレク57』
○『車いすや寝たきりの人でも楽しめるシニアの1〜2分間ミニレク52』(以上,黎明書房)

[お問い合わせ]
ホームページ：http://www.michio-saitoh.com
メール：info@michio-saitoh.com
ＴＥＬ：090-6024-3619

＊イラスト・さややん。

1,2分でできるシニアの手・足・指体操61

2019年3月1日　初版発行　　著　者　斎　藤　道　雄
　　　　　　　　　　　　　　発行者　武　馬　久仁裕
　　　　　　　　　　　　　　印　刷　藤原印刷株式会社
　　　　　　　　　　　　　　製　本　協栄製本工業株式会社

発　行　所　　　　　株式会社　黎　明　書　房
〒460-0002　名古屋市中区丸の内3-6-27 EBSビル ☎052-962-3045
　　　　　　　　　　FAX 052-951-9065　振替・00880-1-59001
〒101-0047　東京連絡所・千代田区内神田1-4-9　松苗ビル4階
　　　　　　　　　　　　　　　　　　　　　　☎03-3268-3470

落丁本・乱丁本はお取替します。　　　　　ISBN978-4-654-07667-3
Ⓒ M. Saitoh. 2019, Printed in Japan